DATE_____/_____/_____

DATE_____/____/_____

DATE___/___/___

DATE_____/_____/_____

DATE____/____/____

DATE____/____/____

DATE___/___/___

DATE____/___/____

DATE_____/_____/_____

DATE____/___/____

DATE ___/___/___

DATE_____ / ___ / _____

DATE_____/___/_____

DATE   /   /

DATE_____/____/____

DATE_____/_____/_____

DATE___/___/___

DATE_____ / ___ / _____

DATE_____/_____/_____

DATE_____/____/_____

DATE _____ / _____ / _____

DATE_____/_____/_____

DATE____/____/____

DATE_____/_____/_____

DATE_____/_____/_____

DATE_____ / ___ / _____

DATE / /

DATE____/____/____

DATE / /

DATE_____ / ___ / _____

DATE_____/___/___

DATE   /   /

DATE_____/_____/_____

DATE_____/____/____

DATE____/____/____

DATE____/____/____

DATE____/____/____

DATE␣␣␣/␣␣␣/

DATE_____ / ___ / _____

DATE____/____/____

DATE____/____/____

DATE____/___/____

DATE_____/_____/_____

DATE_____/____/_____

DATE____/____/____

DATE_____/____/_____

DATE___/___/___

DATE / /

DATE_____/_____/_____

DATE_____/_____/_____

DATE_____/_____/_____

DATE_____/_____/_____

DATE_____/_____/_____

DATE_____/____/_____

DATE____/____/____

DATE_____ / ___ / _____

DATE_____/_____/_____

DATE___ / ___ / ___

DATE____/____/_____

DATE / /

DATE_____/_____/_____

DATE____/____/____

DATE_____ / ____ / _____

DATE_____/____/_____

DATE____/____/____

DATE_____ / _____ / _____

DATE_____/____/____

DATE____/____/____

DATE   /   /

DATE___/___/___

DATE_____/_____/_____

DATE_____/___/_____

DATE_____/_____/_____

DATE_____ / _____ / _____

DATE_____/____/____

DATE___/___/___

DATE   /   /

DATE____/____/____

DATE / /

DATE_____/_____/_____

DATE_____/____/____

DATE_____/____/_____

DATE____/____/____

DATE_____/_____/_____

DATE / /

DATE_____/____/_____

DATE_____/____/_____

DATE_____/_____/_____

Made in the USA
Columbia, SC
02 March 2025